Ratgeber

P. Botschen, F. Heitmann & G. Maier

Klassenlehrer-Manager

- Tipps zum zeitsparenden Führen einer Klasse
- Mit Kopiervorlagen für die tägliche Organisation oder die Klassenpflegschaftssitzung

Lernen mit Erfolg
KOHL VERLAG
Der Verlag mit dem Baum
www.kohlverlag.de

Klassenlehrer-Manager

1. Auflage 2010

Inhalt: Peter Botschen, Friedhelm Heitmann & Gerlinde Maier
Redaktion: Kohl-Verlag unter Mitarbeit von Susanne Möschle
Grafik & Satz: Kohl-Verlag
Druck: farbo print und media, Köln

Bestell-Nr. 11 084

ISBN: 3-86632-307-7
ISBN-13: 978-3-86632-307-0

Inhalt

KOHL VERLAG Der Verlag mit dem Baum
www.kohlverlag.de
Klassenlehrer-Manager
Tipps & Vorlagen zum zeitsparenden Führen einer Klasse - Bestell-Nr. 11 084

Inhalt

KOHL VERLAG Der Verlag mit dem Baum
www.kohlverlag.de
Klassenlehrer-Manager
Tipps & Vorlagen zum zeitsparenden Führen einer Klasse - Bestell-Nr. 11 084

Vorwort

Liebe Kolleginnen, liebe Kollegen,

als Klassenlehrer* einer neuen Klasse kommen viele Herausforderungen auf Sie zu. Was ist gestattet, was nicht? Wie organisiere ich den ersten Klassenpflegschaftsabend? Auf diese Fragen möchte dieser Ratgeber Antworten und praktische Tipps geben.

Im vorliegenden Band werden vielfältige Arbeits- und Informationsblätter dargeboten. Die Materialien entstanden aus der Schulpraxis.

Der Einstieg in das Thema erfolgt im Band durch Vorschläge für die Selbstdarstellung und das Kennenlernen der Schüler in einer neu zusammengestellten Schulklasse. Die Bandbreite der im Weiteren in der Sammlung präsentierten Materialien erstreckt sich von zahlreichen Ideen für die ersten Schultage, Klassenzimmergestaltungen, Aufstellung von Regeln und Erwartungen, Listen für die Organisation des Alltags, Ideen und Vorschlägen für die Sitzordnung, der Wahl des Klassensprechers sowie des Schülerrates, Gesprächsregeln, allgemeinen Klassenregeln, der Planung eines Ausfluges oder eines Klassenfestes bis hin zur Herstellung einer Klassenzeitung.

Selbst erstellte Arbeits- und Informationsblätter lassen sich unkompliziert hinzufügen.

Sie werden sehen, dass es Spaß und Freude macht, eine neue Klasse zu übernehmen, jedoch ist hier die richtige Planung das „A und O“.

Viel Freude und Erfolg beim Einsatz des vorliegenden Ratgebers wünschen Ihnen der Kohl-Verlag und

Peter Botschen,
Friedhelm Heitmann & Gerlinde Maier

**Mit den Lehrern und Schülern sind selbstverständlich grundsätzlich auch Lehrerinnen und Schülerinnen gemeint.*

1 Das erste Beschnuppern

Vorbereitungen auf den ersten Tag und die erste Stunde

Ihre Schülerinnen und Schüler sind genau so gespannt wie wahrscheinlich Sie. Die meisten Kinder gehen mit einem Kribbeln im Bauch zur Schule, vor Aufregung, vielleicht aber auch Angst. In den Köpfen der Kinder schwirren viele Fragen herum:

- Ist mein(e) Klassenlehrer(in) nett?
- Ist er/sie streng?
- Mag mich mein(e) Klassenlehrer(in)?

Diese Fragen beschäftigen Kinder und Jugendliche schon Tage vor dem Schulbesuch. Viele Schulen bieten einen „Kennenlernnachmittag" an, wo sich Klasse und Klassenlehrer(in) das erste Mal sehen und „beschnuppern" können. Nichtsdestotrotz bleiben viele Fragen offen.

Tipp: Stellen Sie sich jetzt auf alle möglichen und unmöglichen Fragen ein. Bereiten Sie einen Stichwortzettel vor, auf dem Sie Antworten auf mögliche Fragen notieren. Oftmals will uns in so einer plötzlichen und unerwarteten Situation nicht das Rechte einfallen. Auch Fragen zur Lebenssituation, ob Sie verheiratet sind oder nicht, sind möglich. Kinder und Jugendliche haben oft Angst vor strengen Lehrern, weil sie damit etwas sehr Negatives verbinden. Machen Sie klar, dass es in der Schule, wie auch zu Hause oder sonst im Leben Regeln gibt, die eingehalten werden müssen, damit man sich gut versteht und dass Sie dafür sorgen werden, dass diese Regeln eingehalten werden, damit sich hier jeder in der Klasse wohlfühlt.

Die Kinder und Jugendlichen haben den Begriff und die Handlungsweisen des vorigen Lehrers, auch der Grundschullehrer, im Kopf. Vieles wird in der Grundschule sehr spielerisch vermittelt, was in einer weiterführenden Schule nicht mehr so gehandhabt werden kann, da oft die nötige Zeit fehlt.

Unterrichtet man eine neue 5. Klasse, kann der Transfer Grundschule ➔ weiterführende Schule aber sinnvoll und effizient genutzt werden.

Egal, ob man selbst der Spiele- und Bastelfreund ist, ist es für die Kinder unerlässlich, dass man sich erst einmal auf der „Grundschulebene" trifft, um dann einen sanften Übergang zwischen Grundschule und weiterführender Schule zu erlangen. Dabei können Spiel- und Bastelideen zu Beginn von großem Nutzen sein.

Eltern sind oftmals neugierig und wollen nicht bis zum Klassenpflegschaftsabend warten, um die/den neue(n) Klassenlehrer(in) kennen zu lernen. Viele Kolleginnen und Kollegen halten es nicht für sinnvoll, die Eltern in der ersten Kennenlernstunde um sich zu haben. Oftmals regelt dies jede Schule auch anders. Taktisch kann es klug sein, die Eltern in der ersten Stunde mit in den Klassenraum zu bitten; so haben Sie die Möglichkeit, alle zu begrüßen. Die Eltern können sich einen Eindruck von der „neuen Person“ machen und Sie verhindern, dass jeder einzeln zu Ihnen kommt, um Fragen und Nöte loszuwerden oder Sie einfach nur kennenzulernen.

Die allererste Kennenlernstunde zu gestalten, sollte recht ergiebig sein, aber gleichzeitig die Schülerinnen und Schüler nicht überfordern.

Wie könnte diese Stunde ablaufen? Hier ein Beispiel:

Begrüßung der Schülerinnen und Schüler, eventuell auch der Eltern.

Vorstellen mit Vor- und Nachnamen (wenn die Eltern im Raum sind schafft das Persönlichkeit), wenn nur die Kinder im Raum sind reicht es, wenn man sich als Frau..../Herr... vorstellt.

Machen Sie den Kindern klar, dass dies nun ihr neuer Klassenraum ist. Vielleicht sieht er noch etwas schmucklos aus, dies wird sich aber in den nächsten Tagen ändern.

Erklären Sie den Eltern, worauf Sie Wert legen (Pünktlichkeit, Regelung zur Krankmeldung, Unterschreiben der Arbeiten, Rückmeldung der Elternbriefe ect.). Viele Eltern fangen an mitzuschreiben. Bereiten Sie einen Zettel vor, auf dem die wichtigsten Dinge genannt sind. *(Ein Musterbrief befindet sich auf der nächsten Seite.)*

Eine Materialliste für die Schüler erleichtert den Einstieg. Notiert man noch, bis wann spätestens alle Materialien da sein sollten, kann man bald mit der Arbeit beginnen (siehe mögliche Liste).

Nun geben Sie den Kindern die Möglichkeit, ihre Fragen an Sie zu stellen. Das lockert die oftmals sehr angespannte Atmosphäre etwas auf.

Geben Sie bekannt, wann der Unterricht beginnt, wo man sich trifft und sagen Sie ganz detailliert, was die Kinder dabei haben sollten. Dies können Sie auf dem Informationszettel für die Eltern darlegen.

Bieten Sie den Eltern an, noch für eventuelle Fragen zur Verfügung zu stehen oder vertrösten Sie die Eltern auf den Klassenpflegschaftsabend.

Verabschieden Sie die Kinder (und auch die Eltern) mit freundlichen Worten, z.B., dass Sie sich auf die gemeinsame Zeit mit allen freuen.

Elternbrief zum neuen Schuljahr

Liebe Eltern und Erziehungsberechtigte,

ich freue mich, eine neue Klasse zu übernehmen und Ihre Kinder ein Stück weit auf dem Weg der Schulzeit begleiten zu dürfen.

Allein jedoch ist dies nicht zu schaffen. Der Erfolg des Einzelnen und der Klassengemeinschaft sowie der individuellen Arbeitsleistung kann nur bei einer guten Zusammenarbeit zwischen Eltern und Schülern geschehen. Deshalb ist es wichtig, dass die Schule und die Eltern an einem Strang ziehen.

Dies fängt bei einfachen organisatorischen Aufgaben an. Im Krankheitsfalle Ihres Kindes rufen Sie bitte umgehend in der Schule an, sodass wir uns keine Sorgen machen, wo Ihr Kind bleibt. Reichen Sie bei Genesung Ihres Kindes eine Krankmeldung nach. Ab dem dritten Krankheitstage ist ein ärztliches Attest nötig.

Um unsere Klassengemeinschaft zu stärken ist es wichtig, dass wir den Unterricht gemeinsam beginnen. Achten Sie bitte darauf, dass Ihr Kind pünktlich im Klassenraum eintrifft. Achten Sie auch auf den jeweiligen Stundenplan und die entsprechend benötigten Materialien (siehe dazu auf der Materialliste).

Ebenso ist es für den Alltag wichtig, dass Sie die Arbeiten und die Rückmeldungen zu Elternbriefen möglichst zeitnah unterschreiben und Ihren Kindern in die Schule wieder mitgeben.

In wichtigen Fällen erreichen Sie mich in meiner Sprechstunde (________________) oder unter der Schulnummer (________________). Ich rufe dann schnellstmöglich zurück.

Ich hoffe auf eine gute Zusammenarbeit und verbleibe
mit freundlichen Grüßen

KOHL VERLAG Der Verlag mit dem Baum
www.kohlverlag.de
Klassenlehrer-Manager
Tipps & Vorlagen zum zeitsparenden Führen einer Klasse - Bestell-Nr. 11 084

Materialliste

- ☞ Füller, Patronen, Tintenkiller
- ☞ Bleistift, Radiergummi, Bleistiftspitzer
- ☞ je ein Satz farbige Holz- und Filzstifte
- ☞ Geodreieck, Zirkel, Lineal, Schere, Klebstoff
- ☞ Textmarker, Folienstifte (wasserlöslich), Edding
- ☞ Wasserfarbkasten, Wasserbecher, 1 Satz Pinsel, Kleiderschutz
- ☞ Sportschuhe (draußen/drinnen), Kleidung für Sommer & Winter
- ☞ Hefte und Heftumschläge für die jeweiligen Fächer in den jeweiligen Farben
- ☞ DIN-A4-Block mit Karopapier
- ☞ Hausaufgabenheft

Bücher einbinden nicht vergessen!

Stundenplan

Stunde	Uhrzeit	Montag	Dienstag	Mittwoch	Donnerstag	Freitag

Ferienzeiten:

2 Wir schauen mal genauer hin

Begrüßungsrituale

Sie werden merken, dass die Kinder Ihnen schon viel entspannter entgegentreten als noch am gestrigen Tage. Gerade für Kolleginnen und Kollegen, die viel in höheren Klassenstufen unterrichten oder unterrichtet haben, ist es nicht immer leicht, sich auf den Wechsel Kinder ← → Jugendliche einzustellen.

Tipp: Sorgen Sie dafür, dass Sie am zweiten Schultag etwas eher im Klassenraum sind und empfangen Sie die Schülerinnen und Schüler schon an der Tür. Halten Sie „Smalltalk". „Und wie war dein Schulweg? Hat alles geklappt? Gab es Probleme?" Das können Sie natürlich nicht jeden fragen, aber so „stichprobenartig". Das schafft Vertrauen und die Kinder werden auch ihren Eltern berichten, dass Sie sich für das Wohl des Kindes interessieren.

Die Zusammenarbeit zwischen Eltern und Lehrern wird meist von Seiten der Eltern sehr hoch angesehen. Die Eltern machen sich Sorgen und wollen sicher sein, dass es den Kindern gut geht. Keine Angst, das lässt über die Schuljahre ganz deutlich nach.

Lassen Sie die Schülerinnen und Schüler erst einmal so Platz nehmen, wie sie es möchten (umsetzen können Sie immer noch).

Erklären Sie den Kindern das „Begüßungsritual": Wenn der Lehrer den Raum betritt, sollten alle Schülerinnen und Schüler an ihrem Platz sein und den Lehrer anständig begrüßen. Proben Sie dies ruhig mit Ihrer Klasse ein paar Mal.

KOHL VERLAG Der Verlag mit dem Baum www.kohlverlag.de
Klassenlehrer-Manager
Tipps & Vorlagen zum zeitsparenden Führen einer Klasse - Bestell-Nr. 11 084

Schattenbilder

Meistens sehen die Klassenräume sehr kahl aus. Hier ein Vorschlag, wie dies schnell und effektiv geändert werden kann:

Sie benötigen:

- Pappe/Papier (DIN A3)
- einen Overheadprojektor
- Klebestreifen

Basteln Sie mit den Kindern Schattenbilder.

Befestigen Sie das Blatt Papier an der Wand mithilfe des Klebestreifens. Nun sollen sich die Kinder (seitlich) vor den leuchtenden Overheadprojektor setzen und ein anderes Kind malt die Umrisse auf das Papier. Wenn die Umrisse aufgezeichnet sind, kann das jeweilige Kind schon seinen „Kopf" ausschneiden.

Die Besonderheit eines jeden Kopfes wird der Steckbrief, den jeder über seine Person ausfüllt. Die Kinder finden es immer gut, wenn der Lehrer auch einen Steckbrief ausfüllt. Überlegen Sie im Vorfeld genau, ob Sie die privaten Kontaktdaten preisgeben wollen. Sie können aber immer die Kontaktdaten der Schule angeben.

Folgende Varianten können für den Scherenschnittkopf verwendet werden:

Variante 1: Die Schatten werden direkt auf buntes Papier projiziert und ausgeschnitten. Sie werden verteilt im Klassenzimmer aufgehängt.

Variante 2: Wie Variante 1, nur mit dem Steckbrief (siehe Seite 13) versehen. Dies kann in kleiner Variante (mit dem Kopierer verkleinern) im Kopf selbst sein oder auf einem z.B. schwarzen Hintergrundkarton neben dem Kopf angebracht werden.

Variante 3: Die Schatten werden auf einfaches weißes Papier projiziert, ausgeschnitten, auf schwarzen Tonkarton gelegt und umrandet. Diese schwarzen Schattenrisse werden ausgeschnitten und auf verschiedenen bunten Blättern angebracht.

Variante 4: Wie Variante 3, nur zusätzlich mit dem Steckbrief versehen.

Mit dieser Bastelaktion haben Sie eine Anregung für die ersten Tage. Die Kinder haben sich kennen gelernt und nebenbei hat auch die Klasse etwas Dekoration erhalten.

Klassenlehrer-Manager
Tipps & Vorlagen zum zeitsparenden Führen einer Klasse - Bestell-Nr. 11 084
www.kohlverlag.de

Ich heiße ______________________________

Ich bin geboren am ______________ in ____________

Meine Adresse: ______________________________

____

Meine Telefonnummer: ______________________

Meine Hobbies: ______________________________

____

Mein Lieblingstier: ___________________________

Ich esse gerne: ______________________________

Das sehe ich gerne im Fernsehen: ______________

____

In meiner Freizeit machen ich gerne: ____________

____

Mein Traumberuf: ____________________________

Mein größter Wunsch: _________________________

____

Klassenlehrer-Manager
Tipps & Vorlagen zum zeitsparenden Führen einer Klasse - Bestell-Nr. 11 084
KOHL VERLAG Der Verlag mit dem Baum
www.kohlverlag.de

Gestaltung des Klassenzimmers

1. Gefällt dir die bisherige Gestaltung des Klassenraumes? Wie findest du den Klassenraum? Kreuze an, was deiner Meinung nach zutrifft.

Die Gestaltung ist ...	
	... sehr gut.
	... gut.
	... mittelmäßig.
	... schlecht.
	... sehr schlecht.

2. Was gefällt dir am bisherigen Klassenraum?

____

____

3. Wie sollten Tische und Stühle angeordnet sein?

____

____

4. Was (z.B. Poster, Pflanzen, Stellwände, Leseecke, Informationswand ...) möchtest du gerne im Klassenraum haben?

____

____

5. Welche Aufgaben kannst du für die neue Klassenraumgestaltung übernehmen?

____

____

KOHL VERLAG
Der Verlag mit dem Baum
www.kohlverlag.de
Klassenlehrer-Manager
Tipps & Vorlagen zum zeitsparenden Führen einer Klasse - Bestell-Nr. 11 084

Regenschirmgeburtstagskalender

Ein Klassenzimmerschmuck, der gleichzeitig auch eine Bedeutung hat. Alle Schüler füllen mit schwarzem Filzstift die Felder des Regenschirms aus. Nach dem Trocknen werden die Felder mit verschiedenen Holzstiften ausgemalt. Gerade die bunte Vielfalt und kräftige Farben sehen schön aus. Nun kann man die Schirme wild im Zimmer aufhängen oder sortiert in einer Reihe (z.B. auf einer langen Wandseite). Dann kann man noch die jeweiligen Monatsnamen darüber aufhängen. Ein dekorativer Geburtstagskalender!

KOHL VERLAG Der Verlag mit dem Baum
www.kohlverlag.de

2 Wir schauen mal genauer hin

Geburtstagsplan

Name	Geburtstag	Sternzeichen

Name	Geburtstag	Sternzeichen

Sternzeichen:

22.12. - 30.01. = Steinbock		21.01. - 19.02. = Wassermann	
20.02. - 20.03. = Fisch		23.03. - 20.04. = Widder	
21.04. - 20.05. = Stier		21.05. - 20.06. = Zwilling	
21.06. - 22.07. = Krebs		23.07. - 22.08. = Löwe	
23.08. - 22.09. = Jungfrau		23.09. - 22.10. = Waage	
23.10. - 22.11. = Skorpion		23.11. - 21.12. = Schütze	

Klassenlehrer-Manager
Tipps & Vorlagen zum zeitsparenden Führen einer Klasse - Bestell-Nr. 11 084
KOHL VERLAG Der Verlag mit dem Baum
www.kohlverlag.de

Ideen für eine neue Klasse

1. Die Schüler stellen sich einzeln vor. Wer an der Reihe ist, schreibt mit einem Finger die Einzelbuchstaben seines Namens (Vorname und/bzw. Nachname) in die Luft und fragt dann: „Wie heiße ich?“

Alternativen:
- Rückentelefon – Der Name wird einem anderen Kind (evtl. dem Tischnachbarn) mit dem Finger auf den Rücken geschrieben.
- Der jeweilige Schüler nennt die Einzelbuchstaben seines Namens der Reihe mündlich von hinten nach vor. Beispiel: ALOCIN REIEM (Lösung: Nicola Meier)

2. Wer an der Reihe ist, notiert seinen Namen ohne Selbstlaute (= Vokale) an der Wandtafel. Die übrigen Personen müssen den Namen herausfinden. Beispiel: Ivr Grds (Lösung: Oliver Gerdes)

3. Alle Personen stehen in einem Kreis. Ein oder zwei Bälle befinden sich im Spiel. Wer den Ball in seinen Händen hat, nennt den eigenen Namen sowie den Namen des Schülers, dem er den Ball anschließend zuwirft.

4. Die Schüler stehen im Kreis und sagen folgendes: „Ich heiße ..... und mache so ..... .“ Hier folgt eine Bewegung oder Geste oder eine besondere Mimik. Der nächste Schüler sagt: „Ich heiße ..... und mache so ..... *(Bewegung, Geste oder Mimik)*. Das ist ..... und er/sie macht so ..... .“ Dies geht immer so weiter. Jeder muss alle Vorgänger benennen und deren Geste nachmachen. Schaffen es alle?

5. Die Schüler sitzen im Kreis und erzählen über sich. Der erste hält ein Wollknäuel in den Händen. Den Beginn hält er fest und wirft das Knäuel, wenn er fertig ist, weiter. So entsteht ein Netz zwischen allen Schülern. Man kann so auf die Gemeinschaft und die Vernetzung untereinander hinweisen.

KOHL VERLAG Der Verlag mit dem Baum www.kohlverlag.de
Klassenlehrer-Manager
Tipps & Vorlagen zum zeitsparenden Führen einer Klasse - Bestell-Nr. 11 084

6. a) Nenne zu jedem einzelnen Buchstaben deines Vor- und Nachnamens ein zu dir passendes Tier, dessen Name mit dem jeweiligen Buchstaben beginnt.
<u>Beispiel</u>: Jan ... <u>J</u> wie <u>J</u>aguar, <u>A</u> wie <u>A</u>dler, <u>N</u> wie <u>N</u>achtigall ...

b) Zeichne zu jedem Einzelbuchstaben deines Vor- und Nachnamens etwas (Lebewesen oder Gegenstand), dessen Name bzw. Begriff mit diesem Buchstaben anfängt.
<u>Beispiel</u>: J =  ...

c) Erkläre deinen Vor- und Nachnamen. Was bedeutet dein Vorname, was dein Nachname? Aus welcher Sprache kommt (ursprünglich) dein Vorname, woher dein Nachname?

7. Die Namen aller Personen einer Klasse ... werden wie bei Kreuzworträtseln waagerecht bzw. senkrecht in Großbuchstaben aufgeschrieben.
<u>Beispiel (Auszug)</u>:

```
        M
O L I V E R
        L
      T A N J A
        N
        I
        E          .....
```

Wem gelingt es (zuerst), alle Namen miteinander zu verknüpfen?

KOHL VERLAG Der Verlag mit dem Baum
www.kohlverlag.de
Klassenlehrer-Manager
Tipps & Vorlagen zum zeitsparenden Führen einer Klasse - Bestell-Nr. 11 084

2 Wir schauen mal genauer hin

Meine Mitschüler

Frage, bis du für jedes Kästchen einen Namen findest!

Finde jemanden, der ...		
... schon einmal umgezogen ist. _______________ *Unterschrift/Name*	... Rot als Lieblingsfarbe hat. _______________ *Unterschrift/Name*	... eine Katze hat. _______________ *Unterschrift/Name*
... ein Instrument spielt. _______________ *Unterschrift/Name*	... in den Sommerferien en Geburtstag hat. _______________ *Unterschrift/Name*	... zwei Geschwister hat. _______________ *Unterschrift/Name*
... gerne in die Schule geht. _______________ *Unterschrift/Name*	... regelmäßig chattet. _______________ *Unterschrift/Name*	... im Ausland geboren ist. _______________ *Unterschrift/Name*
... im Haushalt hilft. _______________ *Unterschrift/Name*	... Regentage mag. _______________ *Unterschrift/Name*	... schon einmal an der Nordsee war. _______________ *Unterschrift/Name*
... zu Hause einen eigenen Garten hat. _______________ *Unterschrift/Name*	... Mitglied in einem Sportverein ist. _______________ *Unterschrift/Name*	... gerne bastelt. _______________ *Unterschrift/Name*

Klassenlehrer-Manager
Tipps & Vorlagen zum zeitsparenden Führen einer Klasse - Bestell-Nr. 11 084
KOHL VERLAG Der Verlag mit dem Baum
www.kohlverlag.de

3 Erwartungen, Regeln und Versäumnisse

Erwartungen an die Einzelnen

1. Du besuchst die Schule regelmäßig.

2. Du kommst pünktlich zum Unterricht, auch nach den Pausen.

3. Du hast alle erforderlichen Arbeitsmaterialien dabei.

4. Du hast zu Beginn der jeweiligen Unterrichtsstunde die benötigten Arbeitsmaterialien auf dem Tisch liegen.

5. Du nimmst die Schule ernst und arbeitest interessiert und konzentriert im Unterricht mit, ohne zu stören.

6. Du erledigst die gestellten Aufgaben sorgfältig, schreibst sauber und führst deine Hefte und Bücher ordentlich.

7. Du machst deine Hausaufgaben, bemühe dich zumindest dabei.

8. Du bringst einen ordentlichen Entschuldigungszettel mit, wenn du krank warst oder aus anderen Gründen gefehlt hast.

9. Du bist stets freundlich und hilfsbereit zu deinen Mitschülern & Mitschülerinnen.

10. Du zeigst Respekt vor den Lehrern und anderen erwachsenen Personen.

Merke dir: Verhalte dich so, wie du selbst von anderen Menschen behandelt werden möchtest!

Klassenlehrer-Manager
Tipps & Vorlagen zum zeitsparenden Führen einer Klasse - Bestell-Nr. 11 084
KOHL VERLAG Der Verlag mit dem Baum
www.kohlverlag.de

Gesprächsregeln und Sportregeln

Es ist sinnvoll, die Regeln mit den Schülern selbst zu erarbeiten. Nur so hat man immer wieder die Möglichkeit, auf die getroffenen Absprachen hinzuweisen und die Einhaltung auch einzufordern.

Die Gesprächsregeln müssen individuell erarbeitet werden, das heißt, sowohl die Klasse als auch der Lehrer müssen mit diesen Regeln einverstanden sein. So gelten von Klasse zu Klasse auch mal unterschiedliche Regeln. Zum Beispiel ist mancher Lehrer froh, wenn die Schüler seiner Klasse länger reden (siehe Regel 10), ein anderer schätzt die knappen Worte mehr.

Die unten aufgeführten Regeln sollen eine Hilfestellung sein.

Unsere Gesprächsregeln

1. Ich höre genau zu und lasse die Person aussprechen, die spricht.
2. Ich schaue die Person an, mit der ich spreche.
3. Ich melde mich im Unterricht, wenn ich etwas sagen will.
4. Ich warte, bis ich an der Reihe bin.
5. Ich überlege mir zuvor, was ich sagen will.
6. Ich spreche laut und verständlich, möglichst in vollständigen Sätzen.
7. Ich verwende freundliche Wörter.
8. Ich bin fair und zeige Verständnis für andere.
9. Ich bleibe beim Gesprächsthema.
10. Ich versuche, nicht zu lange zu sprechen.

Sport

Um eine gute Note im Fachbereich Sport zu bekommen, musst du ...

1. ... regelmäßig Sportzeug mitbringen.
2. ... pünktlich zum Sportunterricht erscheinen.
3. ... mitmachen und sich dabei anstrengen.
4. ... dich im Sportunterricht bewegen und nicht herumsitzen.
5. ... dich an die Spielregeln und sonstige Bestimmungen halten.
6. ... versuchen, Mitschülern zu helfen und in das Spiel einzubeziehen, d.h. auch, den Ball abzuspielen und dich nicht eigensinnig zu verhalten.
7. ... darauf verzichten, andere Schüler zu ärgern und/oder auszulachen.
8. ... beim Aufbau und Abbau von Sportgeräten helfen.
9. ... die Sporthalle, Umkleideräume ... sauber hinterlassen.

KOHL VERLAG Der Verlag mit dem Baum
www.kohlverlag.de
Klassenlehrer-Manager
Tipps & Vorlagen zum zeitsparenden Führen einer Klasse - Bestell-Nr. 11 084

Versäumnisse protokollieren

Um Versäumnisse zu protokollieren, ist es sinnvoll, allen Kollegen eine Liste zur Verfügung zu stellen, wo diese nicht angefertigten Hausaufgaben, Material vergessen oder sonstige Versäumnisse mit Datum und Kürzel eintragen können. Ein Muster findet sich auf der nächsten Seite.

Diese Liste lässt sich am besten im Klassenbuch aufbewahren, da sie dort mit in jedes Fach und jeden Raum geht.

Sie legen die Anzahl der Einträge fest, ab der Sie die Eltern schriftlich informieren. Eine Kopie dieses Schreibens legen Sie in die Schülerakte. Auch hier befindet sich ein Musterformular auf Seite 24).

Tipp: Teilen Sie den Schülerinnen und Schülern unbedingt Ihre Vorgehensweise mit, damit diese auch die Möglichkeit haben, ihr Verhalten zu ändern. Mit Hilfe der Liste haben Sie auch die Möglichkeit, direkt die Schülerinnen und Schüler anzusprechen.

KOHL VERLAG Der Verlag mit dem Baum www.kohlverlag.de
Klassenlehrer-Manager
Tipps & Vorlagen zum zeitsparenden Führen einer Klasse - Bestell-Nr. 11 084

Versäumnisliste für das Klassenbuch

Name	HA vergessen	Material vergessen	Sonstiges	HA vergessen	Material vergessen	Sonstiges	HA vergessen	Material vergessen	Sonstiges	HA vergessen	Material vergessen	Sonstiges	HA vergessen	Material vergessen	Sonstiges

KOHL VERLAG Der Verlag mit dem Baum
www.kohlverlag.de
Klassenlehrer-Manager
Tipps & Vorlagen zum zeitsparenden Führen einer Klasse - Bestell-Nr. 11 084

Versäumnisprotokoll

Name des Schülers: ______________________________

Hausaufgaben vergessen	Material vergessen	Sonstiges

Sehr geehrte Eltern und Erziehungsberechtigte,

in der oben aufgeführten Liste tragen alle Kolleginnen und Kollegen ein, wenn bei Ihrem Kind etwas fehlt. Ich bitte diese Liste zur Kenntnis zu nehmen und mit Ihrem Kind über dieses Verhalten zu reden. Eine Kopie dieser Liste wird in der Schülerakte abgeheftet.

Mit freundlichen Grüßen

✂ -

Rückmeldung

☐ Ich habe die Liste über die Versäumnisse zur Kenntnis genommen und habe mit meinem Kind geredet.

Unterschrift: ______________________________

Klassenlehrer-Manager
Tipps & Vorlagen zum zeitsparenden Führen einer Klasse - Bestell-Nr. 11 084
KOHL VERLAG Der Verlag mit dem Baum
www.kohlverlag.de

4 Stärkung der Klassengemeinschaft

Eine der schwierigsten Aufgaben ist die nachhaltige Stärkung der Klassengemeinschaft.

Es fällt auf, dass Klassen, die ein schönes großes Plakat mit der Aufschrift „Unsere Klassenregeln“ an der Wand haben, oftmals die chaotischsten sind. Sie haben zwar ihre Regeln notiert, aber nicht verinnerlicht. Wie auch? Das kann ein Plakat nicht leisten. Wertevermittlung wie Pünktlichkeit, Sorgfalt usw. ist die Hauptaufgabe der Eltern; da können Sie nur unterstützend tätig sein. Aber dass den Schwächeren geholfen wird und dass sich die Klasse gegenseitig unterstützt, das ist Ihre Aufgabe – Sie sind der Teamleiter und somit auch ein Teil des Teams!

Tipp: Es gibt viele nützliche Spiele und Aufgaben, um das Gemeinschaftsgefühl zu stärken. Viele sinnvolle Übungen zur Stärkung der Klassengemeinschaft finden Sie im Internet unter www.opus-nrw.de. Diese Internetseite vom Schulministerium Nordrhein-Westfalen bietet eine Anzahl von Erfahrungsberichten zum Thema „Teamstärkung“. Auch Sie haben die Möglichkeit, auf dieser Internetseite ihre Projekte vorzustellen und kundzutun.

Es gibt sehr viele Ratgeber zum Thema Klassenstärkung, auch über die Stille kann man eine vertraute Atmosphäre schaffen. Der Kohl-Verlag bietet hierzu den Bestseller „Der kleine Stille-Ratgeber“ von Gabriela Rosenwald (ISBN-Nr: 978-3-86632-866-2). Ebenso möchten wir Ihnen den Band „100 starke Spiele für starke Kids“ aus dem Kohl-Verlag empfehlen (ISBN-Nr. 978-3-86632-978-2).

Lassen Sie die Kinder Bilder malen zum Thema „Klassengemeinschaft“. Erzählen Sie die Fabel der zwei störrischen Esel, die beide gleichzeitig über die Brücke wollen.

KOHL VERLAG Der Verlag mit dem Baum
www.kohlverlag.de
Klassenlehrer-Manager
Tipps & Vorlagen zum zeitsparenden Führen einer Klasse - Bestell-Nr. 11 084

5 Die Sitzordnung

Ein immer sehr nettes Thema ist die Sitzordnung in einer Klasse. Erlauben Sie den Kindern, sich erst einmal so hinzusetzen, wie sie es möchten. Nach einiger Zeit werden Sie herausfinden, dass sich so manche „selbst erwählte Diaspora" zwar gerne zum Plausch mit der Nachbarin oder dem Nachbarn einlädt, jedoch weniger zur Beteiligung am Unterricht. Es gibt verschiedene Möglichkeiten auf diese Unterhaltungen untereinander zu reagieren:

1. Man lässt kleine und kurze Unterhaltungen zu, da es für Kinder wirklich anstrengend ist, dem Unterricht so lange zu folgen.

2. Regeln Sie so etwas mit Humor: „Na, Claudia, flirtest du schon wieder mit Martin? Wolltest du uns von deiner heimlichen Liebe erzählen?"
   Außer einem roten Gesicht und ein bisschen Scham wird nichts passieren, außer dass diese nicht mehr die Privatgespräche in ihre Unterrichtsstunde verlagern werden. Es wäre zu peinlich, noch einmal in so einer Art und Weise angesprochen zu werden – oder?

3. Drohen Sie die Konsequenz des Wegsetzens an und führen Sie dies nach wiederholten „Quatschereien" auch wirklich aus. Wenn Sie etwas androhen, so müssen Sie es auch durchziehen. Sie wirken sonst unglaubwürdig.

Tipp: Wenn Sie ein Kind in den unteren Klassen wegsetzen, so sollten Sie die Eltern kurz informieren und die Situation erklären. Begründen Sie solch eine Maßnahme immer mit dem stockenden Lernfortschritt. Die Eltern fühlen sich dadurch eingeweiht und stehen so mehr und mehr hinter Ihnen, zusätzlich haben Sie die Absicherung der Eltern; oftmals sind diese Ihnen sogar dankbar.

Bei neu zusammengestellten Klassen sollten vor einer neuen Sitzordnung mindestens zwei Wochen vergangen sein. Erst dann zeigen sich oft „Unruheherde und Problemfelder" und auch Sie selbst können die Schüler erst nach dieser Zeit genauer einschätzen.

5 Die Sitzordung

Eine Methode, herauszufinden, welche Sitzordnung sich positiv auswirken könnte, ist die Erstellung eines „Soziogrammes". Man geht folgendermaßen vor:

Jeder Schüler füllt für sich und allein die unten stehende Liste aus und gibt sie beim Lehrer ab.

Mein Name ist: ____________________	
Ich möchte neben ... sitzen:	1. Wunsch = ____________________
	2. Wunsch = ____________________
	3. Wunsch = ____________________
Neben ____________________ möchte ich auf keinen Fall sitzen.	

Diese Listen müssen sehr sorgfältig aufbewahrt werden und sollten nicht in Schülerhände gelangen. Nun können Sie ein „Soziogramm" erstellen. Jeder Schülername wird auf ein großes Plakat geschrieben. Verbinden Sie mit grünem Stift den Namen des Schülers mit dem Wunschkandidaten und setzen Sie an die Spitze einen Pfeil. (Sibylle mag Kirsten und Katja, Katja mag Sibylle ebenfalls.)

Beispiel:

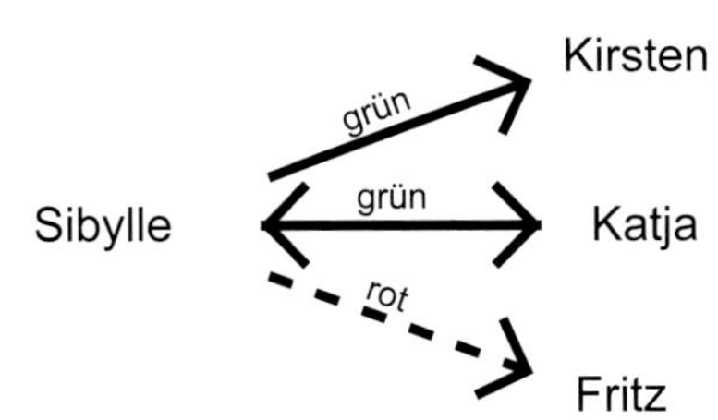

Wer neben wem auf keinen Fall sitzen möchte, wird mit rot notiert (Sibylle möchte auf keinen Fall neben Fritz sitzen ...). So gehen Sie Schüler für Schüler durch. Gegenseitige Namen werden mit Pfeilspitzen versehen (Katja mag Sibylle auch). So erhalten Sie eine brauchbare Übersicht und es fällt leichter, eine Sitzordnung festzulegen.

Kennen Sie das Leistungsvermögen einer Klasse schon besser und möchten gerne Gruppentische haben, kann es sinnvoll sein, an jeden Tisch einen starken und einen schwachen Schüler zu setzen. Die übrigen Schüler lassen sich leichter verteilen.

Kombinationen zwischen den Vorschlägen und Ideen sind natürlich möglich.

KOHL VERLAG Der Verlag mit dem Baum www.kohlverlag.de
Klassenlehrer-Manager
Tipps & Vorlagen zum zeitsparenden Führen einer Klasse - Bestell-Nr. 11 084

6 Wichtige rechtliche Informationen

Viele Kolleginnen und Kollegen – ja sogar Schulleiterinnen und Schulleiter – stellen Regelungen auf, die teilweise gegen das geltende Recht verstoßen. In Zusammenarbeit mit einem Rechtsanwalt möchten wir nun auf zentrale Klassenregelungen eingehen und im Folgenden kurz den rechtlichen Rahmen erwähnen:

Regel 1:

„Du darfst während des Unterrichts nicht auf die Toilette.“

Diese Regelung findet sich an vielen Schulen, jedoch ist sie absolut rechtswidrig. Den Toilettengang zu verweigern gilt als Nötigung. Vor Gericht haben Kinder schon von Angstzuständen berichtet, dass sie vor „versammelter Klasse“ aus Notdurft in die Hose machen mussten, was den Schüler zum Gespött der Klasse machte. Nicht selten werden Lehrerinnen und Lehrer angezeigt, weil sie den Toilettengang verweigern.

Regel 2:

„Essen und Trinken ist im Unterricht nicht gestattet.“

Bei dieser Regelung streiten sich die Geister. Es ist möglich, dass man vom Hausrecht gebraucht macht und den Verzehr von Speisen und Getränken untersagt. Taktisch sollte man Kindern jedoch die Möglichkeit geben, einmal kurz „ins Brot zu beißen“ oder mal kurz einen Schluck zu trinken. Eine Regelung, die bei vielen Eltern nicht gerne gesehen und hart umstritten ist.

Regel 3:

„Das Handy/Der MP3-Player haben im Unterricht nichts verloren.“

Sie können keinem verbieten, ein Handy mit sich zu führen, jedoch darf es den Unterricht nicht beeinflussen. Sollte es in Ihrem Unterricht klingeln, so können Sie die Schülerin/den Schüler auffordern, das Gerät abzuschalten. Was Sie in keinem Fall dürfen: Das Handy in Gewahrsam nehmen. Dies wird als Diebstahl gewertet werden. Sie können die Schülerin/den Schüler bitten, das Handy während Ihres Unterrichts bei Ihnen auf das Pult zu legen. Sollte das Gerät in dieser Situation aus irgendeinem Grund beschädigt werden, so können Sie privat „zur Kasse gebeten“ werden.

Regel 4:

„Du sitzt heute nach.“

Hier kommt es auf die Formulierung an. Das so genannte „Nachsitzen“ aus pädagogischen Gründen kann angefochten werden. Wenn man es aber so deklariert, dass eine Schülerin/ein Schüler nacharbeiten muss, weil die Hausaufgaben vergessen wurden oder im Unterricht nur mäßig teilgenommen wurde, besteht die Möglichkeit, die Schülerin/den Schüler nach der Unterrichtszeit nacharbeiten zu lassen. Die Voraussetzung ist jedoch die Zustimmung der Erziehungsberechtigten! Ohne diese ist es nicht möglich, das Kind länger in der Schule zu belassen, da die Eltern mit der pünktlichen Rückkehr ihres Kindes rechnen.

Deshalb bietet sich „Nachsitzen“ immer erst für den Folgetag an. Es sollte die schriftliche oder telefonische Benachrichtigung ***vorher*** erfolgen!

7 Wir wählen Klassensprecher

Nicht jeder Schüler ist als Klassensprecher geeignet. Wer nur ein „lautes Mundwerk“ hat, eignet sich nicht dafür. Klassensprecher müssen gewisse Fähigkeiten haben. Das Amt des Klassensprechers ist mit Aufgaben verbunden:

- gegenüber der Klasse
- gegenüber dem Klassenlehrer und anderen Lehrern
- in der Vertretung der Klasse nach außen.

Klassensprecher müssen von den Mitschülern anerkannt und unterstützt werden. Möglich ist es, Klassensprecher abzusetzen, wenn sie sich nicht genügend einsetzen und nicht mehr das Vertrauen durch die Mitschüler besitzen.

Klassensprecher sollten unter anderem:

- sich für die Interessen und Wünsche der Klasse einsetzen
- zuverlässig und verantwortungsbewusst sein
- vorbildhaftes Verhalten zeigen
- ...

1. *Notiere weitere Erwartungen an Klassensprecher! Wie sollten sie sein? Was sollten sie tun?*

____

____

____

____

Klassensprecher werden gewählt. Wer bei der Wahl in der Klasse die meisten Stimmen erhält, wird Klassensprecher. Die Person mit den zweitmeisten Stimmen wird Vertreter. Es gibt auch die Möglichkeit, einen männlichen und einen weiblichen Klassensprecher einzusetzen. Diese werden dann in zwei getrennten Wahlgängen ermittelt.

Die fünf Grundsätze der heutigen demokratischen Wahlen sind gewöhnlich:

allgemeines Wahlrecht, gleiches Wahlrecht, freie Wahl, geheime Wahl, unmittelbare Wahl

Diese Grundsätze gelten auch für die Klassensprecherwahl. Der gewählte Klassensprecher und sein Stellvertreter müssen bereit sein, die Wahl anzunehmen.

Klassenlehrer-Manager
Tipps & Vorlagen zum zeitsparenden Führen einer Klasse - Bestell-Nr. 11 084
KOHL VERLAG Der Verlag mit dem Baum
www.kohlverlag.de

8 Wenn der „Zickenkrieg“ ausbricht ...

Schnelle Hilfe bei Streitigkeiten

Jeder Lehrer kennt es:

den „Zickenkrieg“ und die kleinen Sticheleien unter Kindern. Der hat das zu mir gesagt und der hat aber das gesagt und die hat mich an den Haaren gezogen, usw. ...

SCHRECKLICH! So eine Diskussion ist nicht leicht zu stoppen, es fließen Tränen und jeder möchte den Zuspruch des Lehrers. Machen Sie Ihren Schülerinnen und Schülern – aber vor allem sich selbst – eine Sache klar: Sie sind Ansprechpartner(in) bei Problemen, ersetzen aber in keinem Fall die Rolle der Mutter oder des Vaters. Also sehen Sie solche Streitigkeitsfälle eher nüchtern, so etwas kommt in den besten Klassen vor. Fragen Sie die Beteiligten, ob man nicht auch friedlich miteinander auskommen kann.

Sticheleien sind heute gerade über das Internet sehr beliebt. Schüleraustauschbörsen wie „SchülerVZ“ oder „Spickmich“ bieten ungeahnte Möglichkeiten, Mobbing auf dem virtuellen Wege zu betreiben. Das ufert auch ganz schnell aus und überschreitet in manchen Fällen dann jede moralische Grenze. Machen Sie Ihrer Klasse ganz eindeutig klar, dass Sie die Klasse für so reif und erwachsen halten, dass sie gut miteinander umzugehen versteht. Sollten sich jedoch keine Mobbing-Attacken gegen einzelne Schülerinnen und Schüler aufzeigen, so sprechen Sie dieses Thema am besten erst nicht an – man muss ja nicht unnötig „schlafende Hunde wecken“ ... .

Die Schülerinnen und Schüler wollen nur eines, was jeder Mensch möchte: Sie wollen ernst genommen werden, auch wenn es Kinder sind. Je ernster Sie die Kinder nehmen, umso weniger Streitigkeiten werden sich auftun, da sie Ihnen beweisen wollen, dass sie auch wirklich ernst zu nehmen sind!

Es gibt Streitigkeiten, die die ganze Klasse betreffen. Solche Streitigkeiten sollten Sie unbedingt mit der ganzen Klasse in einem „Klassengespräch“, am besten im Stuhlkreis, erörtern und nach Verbesserungsvorschlägen suchen. Machen Sie die Streitigkeiten wieder an Beispielen fest. Lassen Sie die Kinder aus Ihrer eigenen Erfahrung erzählen und erläutern, wie sie sich gefühlt haben.

KOHL VERLAG Der Verlag mit dem Baum
Klassenlehrer-Manager
www.kohlverlag.de Tipps & Vorlagen zum zeitsparenden Führen einer Klasse - Bestell-Nr. 11 084

8 Wenn der „Zickenkrieg“ ausbricht ...

Hilfreich im Klassengespräch oder aber auch im Einzel-/Kleingruppengespräch können folgende drei Fragen sein:

- **Was stört mich (am Verhalten des anderen)?**
- **Warum stört es mich?**
- **Wie hätte ich es gerne?**

<u>Beispiele</u>:

- Was stört mich? – *Franz nimmt ständig meine Stifte aus meinem Mäppchen.*
- Warum stört es mich? – *Es sind meine Stifte.*
- Wie hätte ich es gerne? – *Franz soll seine eigenen Stifte nehmen oder mich fragen, wenn er meine benutzen möchte. Dann kann er sie gerne nehmen.*

Wo lernt er diesen Mist? Etwa in der Schule?

> **<u>Tipp</u>:** Machen Sie nicht den Fehler, „Kleinigkeiten“ vor der Klasse zu erörtern. Findige Schülerinnen und Schüler finden leicht heraus, dass man damit den Unterricht hinauszögern kann.

Eine alternative Möglichkeit besteht darin, die Problematik nicht verbal äußern zu lassen, sondern dass jedes der beteiligten Kinder die Problematik aus seiner Sicht aufschreibt. Ein Formular dazu befindet sich auf der nächsten Seite.

Klassenlehrer-Manager
Tipps & Vorlagen zum zeitsparenden Führen einer Klasse - Bestell-Nr. 11 084
KOHL VERLAG Der Verlag mit dem Baum
www.kohlverlag.de

SITUATIONSPROTOKOLL

Dein Name: ______________________________

Klasse: ______________________________

Diese Personen waren beteiligt: ______________

____

____

Wer hat es gesehen: ______________________

____

Dies ist geschehen: ______________________

____

____

____

____

Was kann ich in Zukunft besser machen, damit so etwas nicht wieder passiert?

____

____

Datum: ____________ Unterschrift: ____________

Klassenlehrer-Manager
Tipps & Vorlagen zum zeitsparenden Führen einer Klasse - Bestell-Nr. 11 084
KOHL VERLAG Der Verlag mit dem Baum
www.kohlverlag.de

8 Wenn der „Zickenkrieg“ ausbricht ...

Streit – Was tun?

Klassenlehrer-Manager
Tipps & Vorlagen zum zeitsparenden Führen einer Klasse - Bestell-Nr. 11 084
KOHL VERLAG Der Verlag mit dem Baum
www.kohlverlag.de

9 Hilfe ... die Eltern kommen!

Klassenpflegschaftsabend

Der Klassenpflegschaftsabend wird von den Klassenlehrern selbst organisiert. *(Eine Mustereinladung an die Eltern finden Sie auf der Seite 36.)* Ein Klassenpflegschaftsabend in einer fünften Klasse ist wieder ganz anders als in einer siebten Klasse. Die Eltern kommen eigentlich in Klasse Fünf recht zahlreich zum Klassenpflegschaftsabend, oftmals mit Fragen, den ersten Problemen oder Anregungen.

Tipp: Sie werden erleben, dass es Eltern gibt, die ihr eigenes Kind zur Zentrumsdiskussion des Klassenpflegschaftsabends machen möchten. Weisen Sie darauf hin, dass es sich um die Sitzung der Klassenpflegschaft handelt und dass individuelle Probleme beim Elternsprechtag oder in einer separaten Sprechstunde geklärt werden können.

Sie werden unter Umständen feststellen, dass Eltern ebenso versuchen werden, wenn es Probleme mit Kolleginnen und Kollegen gibt, diese auf der Sitzung zu erörtern. Oftmals haben sich die Eltern, die sich noch aus Grundschulzeiten kennen, über das Problem vor der Sitzung unterhalten. Sollten sich mehrere Eltern dazu äußern, so stellen Sie dies ans Ende Ihrer Sitzung. Hören Sie sich die Probleme über Ihre Kolleginnen und Kollegen an, gehen Sie aber nicht direkt auf die Probleme ein. Erklären Sie, dass Sie im Unterricht der Kollegin/des Kollegen nicht zugegen sind und deshalb die Situation nicht beurteilen können. Empfehlen Sie den Eltern, direkt mit Ihren Kollegen einen Termin auszumachen und die Problematik zu klären. Lassen Sie die Eltern und die Kollegen das Problem – wenn möglich – selbstständig klären. Denn ein Spagat zwischen Eltern und Kollegen werden Sie höchstwahrscheinlich nicht zufriedenstellend für beide Seiten aus der Welt schaffen können.

Übrigens: Auf Seite 37 finden Sie eine Checkliste, nach der Sie genau bei der Sitzung vorgehen können. Hier sind alle Punkte aufgelistet, die von Ihnen verlangt werden. Außerdem ist die Liste durch Themen ergänzt, die zwar nicht behandelt werden müssen, aber durchaus sinnvoll erscheinen. Sie können die Liste nach Bedarf selbst ergänzen.

Klassenlehrer-Manager
Tipps & Vorlagen zum zeitsparenden Führen einer Klasse - Bestell-Nr. 11 084
KOHL VERLAG Der Verlag mit dem Baum
www.kohlverlag.de

Schulanschrift:

____

____

____

Datum: ____________________

LIEBE ELTERN UND KOLLEGEN DER KLASSE ____________________

Zu Beginn dieses Schuljahres möchten wir Sie recht herzlich zu einem Elternabend einladen. Es stehen unter anderem diese Themen auf der Tagesordnung:

____

____

____

____

Auch die Wahlen der Elternvertreter sind auf dem Programm. Daher wäre es schön, wenn sich der eine oder andere schon einmal überlegen könnte, ob er/sie sich diese Aufgabe vorstellen könnte.

Deshalb möchten wir Sie recht herzlich zu diesem Elternabend einladen.

Es ist auf Grund der Themen sehr wichtig, dass von **jedem Schüler/jeder Schülerin mindestens ein Elternteil** am Elternabend teilnehmen kann.

Der Elternabend findet statt am

________________, den ________________ um ________________

im __________________ in der _______________________ .

Mit freundlichen Grüßen,

Bitte bis zum ______________ ausgefüllt und unterschrieben abgeben. Danke!

\- -

Name des Schülers/der Schülerin: ________________________

☐ Ich nehme am Elternabend teil.

☐ Ich nehme <u>nicht</u> am Elternabend teil.

____

Unterschrift eines Erziehungsberechtigten

KOHL VERLAG Der Verlag mit dem Baum www.kohlverlag.de
Klassenlehrer-Manager
Tipps & Vorlagen zum zeitsparenden Führen einer Klasse - Bestell-Nr. 11 084

Den Klassenpflegschaftsabend vorbereiten

CHECKLISTE

x

- ☐ Begrüßung
- ☐ Schwerpunkte der Schule/in dieser Klassenstufe
- ☐ Vorstellung der Kollegen
- ☐ Inhalte und Ziele der einzelnen Fachbereiche
- ☐ Elternvorstellungsrunde (Anwesenheitsliste)
- ☐ Wünsche und Vorstellungen der Eltern
- ☐ Informationen über das Amt des Klassenpflegschafts-vorsitzenden
- ☐ Wahl des Klassenpflegschaftsvorsitzenden (Stifte, Zettel)
- ☐ Auszählung und Bekanntgabe des Ergebnisses
- ☐ Frage nach der Annahme des Amtes
- ☐ Zeitnahe Termine
- ☐ Highlight des Schuljahres
- ☐ Verwaltung der „Klassenkasse"
- ☐ Gemeinsame Aktivitäten
- ☐ Erstellen/Aktualisieren der Eltern- und Schülerdaten
- ☐ Bekanntgabe der Lehrersprechstunden und der Möglichkeiten zur Kontaktaufnahme
- ☐ Verschiedenes, Wünsche und Anträge

KOHL VERLAG Der Verlag mit dem Baum
www.kohlverlag.de
Klassenlehrer-Manager
Tipps & Vorlagen zum zeitsparenden Führen einer Klasse - Bestell-Nr. 11 084

Klassenkasse – ja oder nein?

Ein großes Thema ist die Einrichtung einer Klassenkasse. Dies ist eine Entscheidung, die man Ihnen nicht abnehmen kann. Eine Klassenkasse hat große Vorteile, aber unter Umständen auch gewisse Nachteile.

Ein Vorteil ist, dass Sie hohe Klassenfahrtskosten vermeiden, indem Sie einen Teil aus der Klassenkasse bestreiten. Auch Kopiergeld oder Ausgaben für Lektüren, Dekorationen für die Klasse etc. können Sie aus der Klassenkasse bezahlen. Das Einsammeln von Geld ist somit reduziert.

Die Nachteile einer Klassenkasse sind auch zu nennen: Sie sind für das Buch verantwortlich, dass heißt, dass Sie den säumigen Zahlern hinterherlaufen müssen. Auch muss der Klassenpflegschaft offen gelegt werden, wofür welcher Betrag ausgegeben wurde. Also kommt ein klein wenig „Buchführung" auf Sie zu.

Tipp: Überlassen Sie die Klassenkasse nicht einfach aus Bequemlichkeit den Eltern oder gar Schülern, das könnte bei Unstimmigkeiten Ärger geben und die Klassenstruktur zerstören. Überlegen Sie sich gut, ob es sinnvoll ist, eine Klassenkasse einzurichten. Sollte ein Elternteil die Klassenkasse führen, ist es am besten, dies auf der Klassenpflegschaftssitzung von allen Eltern befürworten zu lassen.

Am sinnvollsten ist es, ein Girokonto für die Klassenkasse einzurichten. Viele Banken, aber nicht alle, bieten ein kostenloses Girokonto für diese Zwecke an. Vorteil ist, dass man jeden Ein- und Ausgang genau belegen kann. Auch Daueraufträge sind möglich und die einfachste Art, um dem lästigen „Geldeintreiben" zu entgehen. Haben Sie die Möglichkeit eines Girokontos nicht, empfiehlt sich ein Sparbuch, auf das die Eltern monatlich einen „Obolus" überweisen. Ein Sparbuch kostet nichts und ist leicht zu pflegen. Der Nachteil ist, dass man nicht sehen kann, wer etwas auf das Sparbuch überwiesen hat, was aber einfach zu regeln wäre. Nehmen wir mal an, Sie lassen pro Monat 10,00 € überweisen, so überweist der erste auf der Liste 10,01 €, der zweite 10,02 € und der sechsundzwanzigste überweist 10,26 € usw.. So haben Sie den Überblick, welche „Nummer" aus Ihrer Liste überwiesen hat.

KOHL VERLAG Der Verlag mit dem Baum www.kohlverlag.de
Klassenlehrer-Manager
Tipps & Vorlagen zum zeitsparenden Führen einer Klasse - Bestell-Nr. 11 084

9 Hilfe ... die Eltern kommen!

Kontaktdaten

Ein von Eltern gerne erwähnter Punkt ist der Wunsch zur Bekanntgabe Ihrer persönlichen Kontaktdaten. Dies kann zu nächtlichen Anrufen wegen der Hausaufgaben führen oder als „Sorgenentladungsstelle“ missbraucht werden. Das muss aber nicht unbedingt so sein.

Tipp: Wenn Sie sich dazu entschließen, zu Eltern Kontakt halten zu wollen, dann schaffen Sie sich z.B. ein Handy an, das nur zu bestimmten Zeiten erreichbar ist. In dieser Zeit haben die Eltern die Möglichkeit, Sie zu kontaktieren.

Eine andere Möglichkeit bietet das Internet. Melden Sie eine kostenlose E-Mail-Adresse an, geben Sie den Eltern diese kund und beantworten Sie Fragen per E-Mail. Hier haben Sie die Möglichkeit zu antworten, wann es Ihnen zeitlich am besten passt.

Stellen Sie schon vor der Klassenpflegschaftssitzung für sich selber klar, ob Sie Ihre privaten Kontaktdaten herausgeben möchten und wenn ja – in welcher Art und Weise. Wenn Sie sich zu einem Kontakt per Email entschließen oder per Handy, so halten Sie Ihre Kontaktdaten zur Klassenpflegschaftssitzung bereit, ansonsten geben Sie die Kontaktdaten der Schule und Ihre Sprechstunden an.

Die Klassenliste

Ein weiteres Problem schließt sich gleich an: die Klassenliste. Die meisten möchten eine Klassenliste ausgestellt haben mit den Telefonnummern der Eltern, oftmals auch den Adressen und weiteren Informationen.

Umgehen Sie das Ganze und ziehen Sie auch hier einfach wieder Ihren privaten Kopf aus der Schlinge ... .

Erwähnen Sie, dass ein Klassenpflegschaftsvorsitzender gewählt werden muss und dass dieser die Möglichkeit hat, eine Liste in der Klasse herumzugeben, wo jeder freiwillig Angaben machen kann. Stellen Sie auch ganz deutlich klar, dass es Ihnen verboten ist, so eine Liste herumzugeben und dass Sie in „Teufels Küche“ kommen, wenn Sie dies tun. Bieten Sie eventuell an, die Liste, die auf freiwilliger Basis herumgeht, zu vervielfältigen. Hüten Sie sich aber davor, auch die Liste für die Klasse abzutippen. Überlassen Sie das einfach dem Klassenpflegschaftsvorsitzenden!

Rechtlicher Hinweis:

Es verstößt gegen das Datenschutzgesetz, wenn Sie Daten der Schülerinnen und Schüler, sowie Daten und Informationen der Erziehungsberechtigten herausgeben! Einige Erziehungsberechtigte haben aus sorgerechtlichen Streitigkeiten eine Geheimnummer.

Wahl des Klassenpflegschaftsvorsitzenden

Darf die Wahl des Klassenpflegschaftsvorsitzenden offen erfolgen? Eine schwierige Frage. Man sollte da eher taktisch denken. Wenn Sie die Klassengemeinschaft schon länger kennen und nur der/die eine Vertreter(in) zur Wahl steht, ist gegen die offene Abstimmung nichts einzuwenden – Voraussetzung ist hierbei allerdings, dass eine gute Atmosphäre innerhalb der Klassenpflegschaftssitzung herrscht.

Bei der ersten Klassenpflegschaftssitzung ist es gut, auf eine geheime Wahl zu bestehen. Sie wissen nicht, wie sich die Eltern „vertragen", ob es an der Grundschule schon einmal Probleme gab oder ... .

Bevor sich Leute zur Wahl stellen, wird gefragt werden, worin die Aufgabe des Klassenpflegschaftsvorsitzenden besteht. Sie können dies gut als „Bindeglied" zwischen Eltern und Lehrern begreiflich machen, wobei es sich hauptsächlich um Probleme der Klassengemeinschaft handelt. Auch bei Klassenkonferenzen kann der Klassenpflegschaftsvorsitzende als Elternvertreter mit eingeladen werden.

Feiertage und wichtige Termine

Geben Sie Informationen über Ferientage (soweit schon bekannt) oder besondere Festlichkeiten (diese sind regional unterschiedlich: Sankt Martin, Karneval/Fasching usw.). Erzählen sie, wie diese Festivitäten ablaufen, sodass die Eltern Begeisterung finden, Sie eventuell auch zu unterstützen.

Ausflüge und Klassenfahrten

Solche Aktivitäten lassen sich am besten mit den Eltern planen. So können diese sich auch über die Ziele der Fahrten äußern. Vielleicht finden sich so auch Eltern, die bereitwillig bei Aktionen zur Finanzierung der Fahrt helfen (Kuchenverkauf, Waffeln backen, Eintüten im Supermarkt ...). Im nächsten Kapitel finden sich hierzu noch weitere Ideen.

10 Ausflüge, Wandertage und sonstige Katastrophen

Das Nächste, was anstehen wird, ist ein Ausflug oder ein Unterrichtsgang mit Ihrer Klasse. Dies stärkt die Klassengemeinschaft. Bevor Sie jedoch einen größeren Ausflug machen, macht es Sinn, mit Ihrer Klasse erst einmal einen Unterrichtsgang durchzuführen. Dies muss allerdings von der Schulleitung genehmigt werden. So erleben Sie Ihre Schüler außerhalb des Schulgeländes. Sie werden schnell merken, welche Interessen die Einzelnen haben und was sie nicht besonders mögen.

Hierbei empfiehlt es sich, erst einmal einen Unterrichtsgang in den Wald/in die Stadt zu unternehmen. Hier können Sie genau festhalten, wie die einzelnen Kinder mit der Natur umgehen, wie sie sich anderen Spaziergängern gegenüber verhalten. Sie erkennen auch hier leicht die Klassenstruktur: Wer hat zu wem Kontakt und wie gehen diese miteinander um, wenn sie sich unbeobachtet fühlen?

Auch lässt sich jetzt leicht feststellen, dass ganze Schulklassen nicht immer gerne gesehen sind. Oftmals sind andere Waldbesucher, Ladenbesitzer oder Bürger geneigt, auf die Kindermenge negativ zu reagieren. Der damit verbundene Lärm kann natürlich schnell an das Nervenkostüm eines jeden Einzelnen gehen.

Wenn das Verhalten der Schülerinnen und Schüler Ihrer Meinung nach zu extrem wird, greifen Sie ein, und zwar eindeutig und im Notfall auch hart. Die Kinder müssen klare Grenzen aufgezeigt bekommen. Reagieren Sie jedoch nicht härter als unbedingt nötig. Sie werden schon die richtige Mischung finden, die der jeweiligen Situation angemessen ist. Hierbei ist natürlich ein nach und nach wachsender Erfahrungsschatz sehr hilfreich.

Tipp: Sollten Sie feststellen, dass Ihre Klasse einmal zu Unrecht bezichtigt wird, so greifen Sie ein und stellen sich vor Ihre Klasse. Dies gehört ebenso zur Stärkung der Klassengemeinschaft, denn Sie sind ein entscheidender Teil davon.

Hurra! Wir machen einen Ausflug!

Unser Ausflug findet statt am ______________, den ________________ .

Wir gehen ____

____.

Es entstehen Kosten in Höhe von ________________ .

Wir treffen uns um ______________ Uhr am/vor ____________________

____.

Diese Dinge brauchen wir: ______________________________________

____

____

____

Diese Regeln gelten: ____

____

Wir werden gegen ________________ Uhr am _____________________

____________________________ wieder eintreffen.

Mit freundlichen Grüßen,

✂- -

Rückmeldung

Wir haben den Ausflug zur Kenntnis genommen und sind damit einverstanden, dass unser Sohn/unsere Tochter _________________ daran teilnimmt.
Wir übernehmen die anteiligen Kosten.

____

Unterschrift eines Erziehungsberechtigten

KOHL VERLAG Der Verlag mit dem Baum www.kohlverlag.de Klassenlehrer-Manager Tipps & Vorlagen zum zeitsparenden Führen einer Klasse - Bestell-Nr. 11 084

11 Kleine Helferlein während des Schuljahres

Eine Klassendienste-Übersicht ist wichtig

Kinder nehmen in den unteren Klassenstufen die ihnen aufgetragenen Dienste recht ernst, sie wollen dem Lehrer und auch den Klassenkameraden beweisen, dass man sich auf sie verlassen kann. Einige schreiben sich auf, wann sie an der Reihe sind, aber die meisten merken es sich nicht. Hier sind Sie als Klassenlehrer(in) wieder gefordert, die Kinder zu unterstützen. Die Dienste sollten gerecht verteilt werden, am besten gehen Sie dort nach der Klassenliste vor.

Nehmen Sie ruhig mehrere Dienste, fassen Sie nicht den Tafel- und den Ordnungsdienst zusammen. Die Kinder sind oftmals mit beidem überfordert oder machen es nicht ordentlich genug, da sie den Bus erreichen müssen usw.. Weisen Sie die Klasse auf eine Tatsache hin: Je weniger auf dem Boden liegt, desto weniger muss gefegt werden.

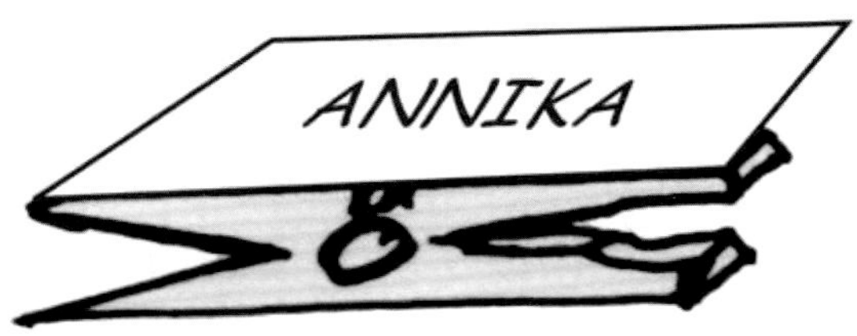

Um eine genaue Übersicht zu bieten, wer mit welchem Dienst dran ist, eignet sich ein DIN-A3-Plakat mit Wäscheklammern und Pappschildern. Drucken Sie auf die Pappschilder die Namen der Kinder und kleben Sie diese auf die Wäscheklammern (siehe Abbildung). Nun können Sie die jeweiligen Namen der Kinder an das DIN-A3-Plakat heften – und zwar direkt hinter den jeweiligen Dienst. So halten die Kinder – und auch Sie und ihre Kolleginnen und Kollegen – alles im Blick, wer welchen Dienst zu verrichten hat. Tipp: Heften Sie die Namensliste, wer welchen Dienst übernommen hat, auf die Rückseite des DIN-A3-Plakats.

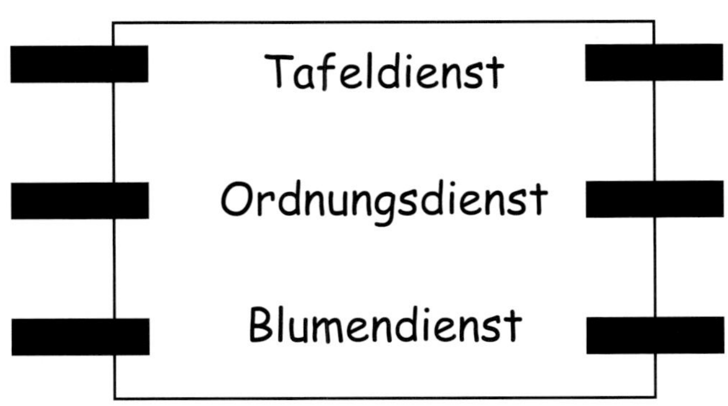

Selbst wenn Sie montags nicht in der 1. Stunde anwesend sind, ist für jeden Kollegen sofort ersichtlich, wer welche Dienste übernehmen soll laut Einteilung.

KOHL VERLAG Der Verlag mit dem Baum www.kohlverlag.de
Klassenlehrer-Manager
Tipps & Vorlagen zum zeitsparenden Führen einer Klasse - Bestell-Nr. 11 084

Sprudeldienst, Blumendienst und andere Dinge

Sprudel- und Blumendienst, den die Eltern ausführen, werden in der Klassenliste vermerkt, so kommt jeder einmal dran.

✂

Bitte bringen Sie in den nächsten Tagen einen Kasten Sprudel mit und nehmen Sie einen leeren mit.

Herzlichen Dank! Ihre Klasse ________________

✂

Blumendienst

Liebe Eltern,

auch unsere Klassenpflanzen brauche Pflege.
Deshalb bitten wir Sie, ...

☐ ... unsere Pflanze umzutopfen.

☐ ... unsere Pflanzen über die Ferien zu versorgen und nach den Ferien wieder mit in die Schule zu bringen.

Herzlichen Dank!

Ihre Klasse ________________

✂

Liebe Eltern,

es besteht Gesprächsbedarf. Deshalb lade ich Sie hiermit zu einem

Gespräch am ________________, den ____________ um _________ Uhr

im Raum _____________ der ____________________ ein.

Grund des Gesprächs: ____

Sollten Sie den Termin nicht wahrnehmen können, bitte ich Sie, sich mit mir umgehend in Verbindung zu setzen.

Mit freundlichen Grüßen, ____________________

✂- -

Rückmeldung

☐ Ich/Wir können den Termin am __________ um ______ Uhr wahrnehmen.

☐ Ich kann/Wir können leider nicht teilnehmen und werden uns umgehend bei Ihnen melden.

____
Unterschrift eines Erziehungsberechtigten

Klassenlehrer-Manager
Tipps & Vorlagen zum zeitsparenden Führen einer Klasse - Bestell-Nr. 11 084
KOHL VERLAG
www.kohlverlag.de

Wie bist du? Was kannst du? – Ein Selbsteinschätzungsbogen

Kreuze die Smileys an. (☒☺☺☺ → ☒☒☒☒)
nein/wenig → ja/viel

Schülername: ______________________	Selbstein-schätzung	Fremdein-schätzung
Ich bin pünktlich.	☺☺☺☺	☺☺☺☺
Ich bin zuverlässig.	☺☺☺☺	☺☺☺☺
Ich bin ehrlich.	☺☺☺☺	☺☺☺☺
Ich halte Ordnung.	☺☺☺☺	☺☺☺☺
Ich achte auf Sauberkeit.	☺☺☺☺	☺☺☺☺
Ich bin aufmerksam.	☺☺☺☺	☺☺☺☺
Ich arbeite sorgfältig.	☺☺☺☺	☺☺☺☺
Ich bin freundlich.	☺☺☺☺	☺☺☺☺
Ich helfe gerne.	☺☺☺☺	☺☺☺☺
Ich arbeite gerne mit anderen.	☺☺☺☺	☺☺☺☺
Ich strenge mich an.	☺☺☺☺	☺☺☺☺
Ich gebe auch bei Schwierigkeiten/ schwierigen Aufgaben nicht auf.	☺☺☺☺	☺☺☺☺
Ich bin fleißig.	☺☺☺☺	☺☺☺☺
Ich arbeite selbstständig.	☺☺☺☺	☺☺☺☺
Ich gehe planvoll vor.	☺☺☺☺	☺☺☺☺
Ich bin verantwortungsbewusst.	☺☺☺☺	☺☺☺☺
Ich bin selbstbewusst.	☺☺☺☺	☺☺☺☺
Ich kann mich durchsetzen.	☺☺☺☺	☺☺☺☺
Ich kann mich anpassen.	☺☺☺☺	☺☺☺☺
Ich kann logisch denken.	☺☺☺☺	☺☺☺☺

KOHL VERLAG Der Verlag mit dem Baum
www.kohlverlag.de
Klassenlehrer-Manager
Tipps & Vorlagen zum zeitsparenden Führen einer Klasse - Bestell-Nr. 11 084

Klassenfest

Wie wäre es mit einem Klassenfest?

Ein Klassenfest ist ...	
	... sehr gut.
	... gut.
	... mittelmäßig.
	... schlecht.
	... sehr schlecht.

1. Was hältst du von der Veranstaltung eines Klassenfestes? Kreuze an, was deine Meinung dazu ist.

2. Kreuze an, welche der anschließend genannten Aktivitäten du auf dem Klassenfest gut fändest.

	Mini-Playback-Show
	Stopp-Tanz
	Spiel „Montagsmaler“
	Suchspiel „Heiß & kalt“
	Torwandschießen

	Limbodance-Wettbewerb
	Spiel „Reise nach Jerusalem“
	Ratespiel „Welcher Star bin ich?“
	Quiz „Wer wird Millionär?“
	Deine Idee:

3. Welche anderen Vorschläge hast du als Aktivitäten für das Klassenfest?

____

____

____

4. Welche Musik soll auf dem Klassenfest gespielt werden?

____

5. Was soll es auf dem Klassenfest zu essen und zu trinken geben?

____

6. Welche Aufgabe(n) übernimmst du bei der Planung und Durchführung des Klassenfestes?

____

____

KOHL VERLAG Der Verlag mit dem Baum www.kohlverlag.de
Klassenlehrer-Manager
Tipps & Vorlagen zum zeitsparenden Führen einer Klasse - Bestell-Nr. 11 084

Wir machen gemeinsam eine Klassenzeitung

Vorschlag: Jeweils ein oder zwei Schüler gestalten eine Seite der Klassenzeitung.

1. Schreibe auf, was deiner Meinung nach die Klassenzeitung enthalten sollte.

____

____

____

____

____

2. Worüber möchtest du eine Seite für die Klassenzeitung verfassen?

____

3. Sollte die Klassenzeitung durch Werbeanzeigen mitfinanziert werden?
Wenn ja, durch welche?

____

____

4. Überlege dir und notiere einen bzw. mehrere Namen (zur Auswahl) für die Klassenzeitung.

____

____

____

____

____

____

5. Wie könnte das Titelblatt (einschließlich Schlagzeilen) der Klassenzeitung aussehen?

KOHL VERLAG Der Verlag mit dem Baum www.kohlverlag.de
Klassenlehrer-Manager
Tipps & Vorlagen zum zeitsparenden Führen einer Klasse - Bestell-Nr. 11 084

Spiele für drinnen und draußen

Spiele bieten Geselligkeit, Unterhaltung, Ablenkung, Abwechslung, Spannung, Spaß ... Auch in der Schule kann, ja sollte gespielt werden.

1. Kreuze an, welche der folgenden 20 Spiele du kennst.

	Mensch ärgere dich nicht		Stadt, Land, Fluss ...
	Memory		Bingo
	Mühle		Teekesselchen
	Blinde Kuh		Topf schlagen
	Der Fuchs geht um		Die Reise nach Jerusalem
	Flaschen drehen		Koffer packen
	Stille Post		Gummi-Twist
	Himmel und Hölle		Fischer, wie tief ist das Wasser?
	Völkerball		Brennball
	Verstecken		Schnitzeljagd

2. Notiere die Namen weiterer Spiele, die du kennst.

____

____

____

Es ist sinnvoll, eine Spielesammlung im Klassenzimmer aufzubauen.
Auch die Tafel kann in zahlreichen (Lern-)Spielen Verwendung finden.
Tipp: Auf Flohmärkten lassen sich günstig schöne Spiele erwerben.

KOHL VERLAG Der Verlag mit dem Baum www.kohlverlag.de
Klassenlehrer-Manager
Tipps & Vorlagen zum zeitsparenden Führen einer Klasse - Bestell-Nr. 11 084